ARQUEOLOGIA DA CALÇADA

ARQUEOLOGIA DA CALÇADA

Adriana Versiani dos Anjos

2 linhas

Belo Horizonte · 2018

A611 ANJOS, Adriana Versiani dos.
Arqueologia da Calçada; Farmacopeuma / Adriana Versiani dos Anjos.
– Belo Horizonte: 2 Linhas Editora, 2018.
72 p.: 16x23cm.
ISBN 978-85-65029-10-0

1. Literatura Brasileira - Poesia. I. Farmacopeuma. II.Título.
CDD B869.1

Coordenação editorial, projeto gráfico e capa
Glória Campos

Formatação
Mangá - Ilustração e design gráfico

Revisão
Aline Sobreira

Para Camilo, com amor e gratidão

Sei que só é capaz de sentir falta quem já teve.
Ainda bem que sinto muita falta.

Marília Pires

SUMÁRIO

O MAR NA CALÇADA

Todo bom livro é um oceano, convida ao mergulho.

Embora este não o traga em suas metáforas, o mar dentro de mim pediu passagem. Talvez pelo costume da infância de olhar em sua direção, de nele procurar sinais, respostas no barulho das conchas. Do mergulho voltei com a palavra *pérola* entre os dentes, mastiguei-a com carinho por saber que antes de joia a pérola é filha da dor, nasce da ferida.

Aviso: ao entrar neste livro, pise com cuidado. As palavras não estão aqui a passeio, elas vieram e dizem a quê. São a razão da caminhada, a senha que nos conduz à ostra no centro do peito. Aproveite a visão do "de dentro", a ostra é uma flor em carne viva pronta para ser colhida ou cultivada, tal qual o silêncio entre as frases.

Escolher palavras para dizer de um livro é girar em torno do próprio eixo, alimentar as marés. Aí me encontro na repetição do trecho:

> Não sei falar de forma objetiva sobre o tempo,
> o mundo dos espíritos e o resultado de tudo.
> Não sei falar como falaria o professor,
> repetindo o conceito de forma objetiva,
> sobre o tempo, o mundo dos espíritos e o resultado de tudo.
> Hoje é domingo e esta não é uma verdade absoluta.
> Talvez nem seja uma verdade
> e domingo pode ser que não exista.

As verdades não existem e as palavras não dão conta de nomear a vida, por isso há a poesia. E porque a poesia não se deixa abarcar entre as metáforas escolhi o oceano, de lá trouxe a pérola. E bem sei que nomear de pérola a palavra poética é lugar-comum, mas que mal há em visitar esse lugar onde a humanidade nos irmana? O lugar onde a experiência amorosa nos iguala e permite voltar para casa escolhendo as pedras para pisar na calçada.

Adrienne Myrtes

CHOVE

Tarja preta

Desço nove círculos:
No inferno há flores
e coisas queimam
a boca
que pronuncia
seus nomes

Rés do chão:

calcanhar trincado
espinhos perfurando unhas
porão cheio de formigas
Beijo devagar
Como devagar
Queimo devagar

Esqueci o ritmo de Deus

Diário de A

Meu nome começa em A.
Nesse papel de arroz, diário íntimo, cabe toda a delicadeza.
Desejo que você o enterre com os ossos dos gatos no jardim.
Hoje o sol me acordou com violência de navalha.
Meu nome termina em A.

Misericórdia

Jandira sorri para os meus olhos opacos.
Abstraio.
A M A R E L O:
a cor preferida de Van Gogh.
Toda manhã,
Ameixa esquecida na árvore à espera do vento,
Ela.
Palavra antiga brotada sozinha na terra do quintal,
curiosa dos meus sonhos,
Vem
saber da algazarra das cigarras, dos girassóis da Holanda,
do pigmento que colore a tela.

A escrita asséptica de Jandira arranca o mato que cresce no canteiro de hortelã,
mata todas as formigas do formigueiro e não gosta de metáforas.

Jandira oxigena o ar do quarto com a serenidade de seus dentes brancos.
Os dentes brancos de Jandira não querem saber da morte.

Meus olhos opacos bolam na água da pia,
quando Jandira fecha a porta.

Que letra foi gravada em minha alma?
Qual palavra me formou?
Ando, caminho por corredores iluminados
pelos laranjas e amarelos das fotografias.
Trago as unhas escuras como as de quem procurou por objetos
na casa incendiada.
Venta sobre o mármore:
esqueceram-me.

A caixa

Nada aqui está morto.
Toda cinza respira
de alguma forma
em nenhum lugar.

Na sequência da dor

Devoro a cal da parede,
manco.
Vivo intenso o purgatório.

Nenhum sonho me desperta,
a estante esvaziada,
nenhuma ideia.

Por ora,
canto um trecho da ópera
e esquento o pão na frigideira.

Três da madrugada,
olhos abertos,
fito o vento da janela.

O que restou da noite

Visto-me.
O enredo à beira do abismo: seres que sonho são alados.
Morta-velha, falo baixo porque tenho pensamentos sombrios.
Ando muito pela rua, conheço todos aqui:
as mulheres que varrem a calçada,
os homens que varrem a calçada,
as mulheres que assobiam,
os homens que assobiam,
as mulheres que gritam quando chegam do trabalho,
os homens que gritam quando chegam do trabalho.
Ando sempre por aqui, conheço muitos abismos:
seres que sonho são alados.

Vestiu-se.
O enredo beira carcaças de animais se desfazendo no leito do rio.
Sai para a consulta: conhece todas as ruas e deseja ser a primeira camada da espuma: aquela mais alta, que toca o ar: respiro do mar.
Sonha o imenso espelho transparente,
que do outro lado reflete acúmulos de nada.
Não tranca a porta, não desliga o gás, não apaga a luz da sala, não estende a roupa no varal.
Tem milhões de agulhas espalhadas pelo corpo.
Corpo: mapa imenso onde artérias são rios que, com o tempo, se entopem com a gordura das carcaças.
Nó na garganta, espelho, acúmulos de nada:
quis arrancá-lo.
Trânsito, sinais coloridos, bolhas de piche no asfalto: acúmulos de nada.
Se eu me jogar daqui amanhã tudo terá sido lavado pelo tempo e outras mulheres varrerão a calçada e outras esposas se trancarão no quarto dos fundos e se fingirão de mortas e sufocarão o grito no velho travesseiro de espuma:
("Preciso forrá-lo com uma fronha. Não me lembro de quem herdei estes móveis").

Olhei para fora e me vi há anos atravessando a rua, carregando uma sacola plástica, dobrando a esquina. Um companheiro a meu lado, o menino nos braços, tonto de sono, esfregando com as mãos os olhos. Com que sonhava o menino então? Com que sonha o menino agora? Não há controle sobre o que sonhou o menino, não há controle sobre o que sonha o menino. As doenças que o acometerão. Suas células, não há controle sobre o que sonham suas células. A natureza intrincada que ele representa é mínima coisa.
Nem que seja para a chuva apagar tudo depois. Que seja para a chuva apagar tudo depois. Vou dançar para que a chuva apague tudo depois. Com a chuva, apagou-se o menino no colo do companheiro que comigo, anos atrás, atravessou a rua.
Olhei para fora e a sacola plástica, como uma folha, vai com o vento.
Sonho que sou canhão soterrado no fundo escuro oceano
Sonho-me rocha cavada pelo vento
Sonho que sou palhaço miserável nos sinais de trânsito
Sonho-me gota de chuva ácida
Sonho que sou puta por desejo da vontade
Sonho-me destino e umidade
Sonho que sou o carvão resistindo aceso na fogueira que a neve apaga
Sonho-me giz colorido nas mãos da criança que desenha na parede do quarto
Sonho que sou poeira soprada na roupa do varal
Sonho-me um cão quando chega a velhice e não sabe dizer onde dói
Sonho que sou espuma guardada na memória do mar
Sonho-me partícula, átomo, quark: mínima parte

A primeira palavra proferida na terra foi um grunhido dos meus ancestrais.

Veste-se.
Engole um café amargo.
Incendeia a garganta.
Se equilibra, pula a poça:
ninguém sabe o que ela pensa,
ninguém sabe o que saliva.
Acendo a vela:

Ave Maria seu filho que saiu de casa agora
Ave Maria seu filho que cortou com estilete a aorta
Ave Maria seu filho que como o meu foi embora
Ave Maria me tira esta agulha da alma

Pensamentos sombrios: seres que sonho: asas
Uma voz atravessa a calçada e vem sussurrar ao meu ouvido:
– Filha, ande ligeiro, não olhe para trás, você está mal acompanhada.
O universo da folha que é levada pelo vento é da folha e do vento.
Só sendo folha levada pelo vento é que se pode ser como folha levada pelo vento.

Visto-me.
E quando parar a roda-viva do cuidado,
para quem a camisa de colarinho impecavelmente branca pendurada no cabide?
À noite, a sopa com cinco tipos diferentes de legumes e pouco sal,
para quem?
E quando parar a roda-viva do cuidado, ainda assim, haverá música tocando baixinho para acalmar o espírito que, de pé, diante da minha cama puxará a coberta até a altura do queixo para que não me canse
nunca mais.

Com a volúpia dos atentados,
despe-se.
Retira um a um todos os papéis da gaveta
e os atira na lareira.
Pensamentos sombrios: corpo coberto de piche: espelho de nada.
Trabalha o fragmento com o carvão que restou aceso:
visões que tem: emanações: pequenos movimentos.
Para quem escrever?
Para quê?

Dispo-me.

Réquiem para Guiomar

Guiomar,
no dia da sua morte, cortaram-lhe as tranças.

Júlia embrulhou-as no papel de seda.

Porque é tradição jogar dentes no telhado, amarrar com fitas pequenas
mechas de cabelo, carregar corpos pelas ruas em procissão, acender velas,
lançar flores nas covas, chorar, entoar cânticos, levar as crianças
para que não se esqueçam.

O ritual da queimação, dos corações fragilizados, dos soluços.

Guiomar,
no dia da sua morte foi assim:
Júlia agarrou-se à caixa e chorou sobre as cinzas.

Estado civil

Amanheci com a palavra "viúva" espetada na córnea
e neve pesando na pálpebra.

Podia chover,
mas não chove.

As plantas, a sede e o jardim

1 – Corra, Ângela!

A atmosfera do dia, as sobras no imaginário da noite.
Tudo construído, palmo a palmo, pela cabeça dos bichos
com seus cérebros incipientes.
Nesta manhã abrir as janelas.
À noite, fechá-las.
Eis o suco dos sonhos.

2 – Sonhe, Ângela!

É comum procurar abrigo quando uma grande tormenta se avizinha.
Ângela não: a água, ela sabe, mata a sede da terra.
Nuvens carregadas prenunciam a interrupção de fluxos,
desabamentos de encostas, transbordamentos.
Voam as telhas do paiol e perde-se todo o fubá.
A tempestade íntima de Ângela molha suas roupas de baixo.

3 – Salte, Ângela!

Levanta-se entediada. Descasca as frutas e mais uma vez se perde
em meio a sumo e louça.
Céu de abril, sol de outono: pensa a melhor forma de mudar as ervas,
pois não há mais espaço aqui.
Ângela, sentada na grama, não teme seus pensamentos.

4 – Respire, Ângela!

Sai sem levar o que quer que seja.
É preciso estar nua para deixar o que não se faz mais presente.
A casa do coração está vazia e desaparecem as linhas das mãos.
Na estação das chuvas, dos olhos de amêndoa, jorra o leite de Ângela.

5 – Coragem, Ângela!

Ângela trôpega abre a cancela:
bate com o punho fechado na madeira do portão.
A hera, o muro alto da infância, preguiça de domingo, céu modorrento.
Colhe as flores ancestrais e as esquece.
O sol ainda vai alto no céu e Ângela está clara e luminosa.
Queria muito que ela chorasse agora,
mas o luto é um processo muito particular.

6 – Chore, Ângela!

Um dia depois de outra noite e o universo em chamas sopra de novo
o bafo quente dos sonhos.
No espelho da sala, Ângela:
peitos flácidos, rosto pálido, rímel escorrendo até a boca.
Com as unhas cravadas no braço descarna-se.
O prontuário médico não ultrapassa o óbvio:
o céu de Ângela é um mar fechado em concha.
Se eu tivesse um lindo vestido vermelho como o dela,
certamente não choraria.

7 – Mate, Ângela!

Sentada na grama, Ângela perscruta o cheiro do jasmim.
Empilha as caixas.
Tem o peito cavado como se dele tirada toda terra e a raiz profunda
que sustenta os dias.
Vapor da dúvida, silvo de serpente, correntes que arrasta.
Muitas moscas a enfrentar no asfalto.
Nas caixas deixa inscrito:
Alma de vidro.
Este lado para cima.

8 – VIVA, ÂNGELA!

A libélula predadora sobrevoa o lago.
Um helicóptero sobrevoa a cena.
À noite, a infância salta o muro e Ângela se mistura à grama do jardim.
Recolho-me:
As sombras são escravas do sol.

UTI

Com quase nenhum sangue no corpo,
a máscara o ajudava a respirar.
Me lembro de ter dito: – Você fica bem bonito de azul!
Era a hora de cuspir o vampiro,
mas ele,
o vampiro,
resolveu abrir as asas para bocejar.

Uma história de amor sem beijos

Escrevo uma história de amor sem beijos.
Não pretendo agradar ninguém.
Trago neste frasco o vento.
Uma história de amor sem beijos, quadro pendendo da parede,
chama que atravessa meu espírito:
vai nevar no dia da sua morte.
As coisas grandes acabam.
Quando se é criança tudo está no futuro.
A infância guardei em garrafas brancas.
Todo livro é um ato.
Sim, gosto desta casa, do tecido que reveste o sofá.
Transfigurada, ao som de Bach, escrevo uma história de amor sem beijos,
nada me separa dos meus sentimentos.
O futuro já foi dado:
a teia frágil dos nossos corpos alimentará dez gerações de vermes.
História de amor sem beijos:
as coisas que eu gostaria de ter dito eram mais leves que o ar.

Vou lhe comprar um saxofone e uma passagem para algum lugar da Ásia.
Um canto onde só macacos e bananas. Na Ásia se não houver bananas,
mangas. Sim, na Ásia macacos e mangas.
Meu amor, vou compor uma canção que nos embale numa rede do Malé.
Meu amor, não desejo ninguém por perto.
Meu deserto,
me dê aquele copo d'água,
me dê o que não posso alcançar.

Noite escura do meu coração:
Uma história de amor sem beijos me encara de grande altura.
Ele, um verme alado.
Em poucos segundos eu o esmagaria entre o indicador e o polegar.
Antes, porém, um gole de conhaque.
Cravo os dentes na sua língua fazendo sangue.
Rolo escada abaixo até perder o sentido.

Bêbada e com sede, preciso lhe fazer uma visita.
Sinto o medo infantil que me tomou quando da primeira travessia do rio.
A canoa era pequena, éramos muitos e o vento fazia ondas.
Sei a doença, a falta de ar, a dor da alma, o sofrimento que se manifesta quando ele se levanta para atender a porta, que o confunde apagando da memória o lugar onde guardou as chaves. A aflição de não saber quem estará do outro lado.
E depois, a insatisfação de me ver com alguma pressa e a impossibilidade de me manter ali para sempre, ouvindo-o.
Sinto medo de, uma vez dentro do rio, me enredar nas raízes das árvores que me arrastarão até o fundo.
Sim, sou aquela que canta.

Meu amor,
vou lhe comprar um caminhão de rosas brancas e um chapéu de abas largas.
Construirei com minhas próprias mãos um bangalô na ilha onde,
de frente para o mar, possamos ouvir conchas.
Todas as noites vou lhe fazer carinho.
Por enquanto trouxe crisântemos,
que deposito aqui, neste mármore virgem de palavras.

Escrevo uma história de amor sem beijos.
Minhas mãos foram decepadas durante uma briga.
Restou o sentido da pele.
A língua é uma faca amolada.
O que foi uma necessidade nos tempos atuais é um luxo, por isso afirmo:
Até as crianças têm um lado escuro.
Estou aqui para servir, não guardo manuscritos em gavetas.

Sim, viajo por muitas imagens: as coisas fogem do que pensam representar.
Perdi as mãos numa briga.
O que estou procurando?
O mais belo arranjo de flores.
Uma história de amor não precisa de beijos.
Uma história de amor é o mais belo arranjo de flores.

Literatura

Jogo o pano de prato para além da pia:

L i t e r a t u r a,

porque hoje é sábado,
eu pinto sua cara e cobro essa dívida:

ando com você pela cidade,
executo as tarefas impostas pelo Tempo:

a água quente do chuveiro
não faz mais sentido quando toca

a pele das costas do meu companheiro,
que não vive mais consigo.

L i t e r a t u r a,

meu negócio agora é contigo:

pague essa dívida
que tem comigo.

Manhã
Universo em movimento
Chegam as chuvas

O PROFESSOR

Não sei falar de forma objetiva sobre o tempo,
o mundo dos espíritos e o resultado de tudo.
Não sei falar como falaria o professor,
repetindo o conceito de forma objetiva,
sobre o tempo, o mundo dos espíritos e o resultado de tudo.
Hoje é domingo e esta não é uma verdade absoluta.
Talvez nem seja uma verdade
e domingo pode ser que não exista.
Estou aqui escrevendo, exercitando minha "imaterialidade", vivendo o processo.
Encontramo-nos neste exercício:
eu e a Herança que me deixou o professor.
Continuo sendo agora
só que mais dentro e mais fora do mundo.
Cada novo dia me apresenta uma tarefa.
A cada tarefa cumprida,
mais músculos.
O tempo não existe no mundo dos espíritos.
Não sei falar de forma objetiva sobre o que percebo do mundo e do resultado de tudo.
Não consigo traduzir neste exercício a língua imaterial do professor.
Hoje é domingo, um amigo me liga e diz que há sol,
que tomar um pouco de sol é a tarefa agora,
e que domingo pode ser que não exista.
Estamos aqui eu, o processo e o exercício da "imaterialidade":
Herança que me deixou o professor.

Brota sangue das lesões que se espalham pelo corpo
Ar parado
Bolhas de sentido espalham pensamentos nas telas esparsas do universo
O que percebo não é o que vejo refletido no espelho

Brota sangue das lesões que se espalham pelo outro
Não há nuvens
O mundo dos mortos também é meu mundo
Vivo sozinha neste casarão sem medo

Quem dera saber dos frutos das árvores
o sumo sem nome.

Quem dera saber dos frutos das árvores
o que sabem as aves.

Planto este pomar
para te libertar.

Nada está sob controle:
o nervo óptico e
o movimento das mãos
estão vazios de sentido.
O professor vive em um país de língua estranha
e não traduz o murmúrio do córrego,
o pulso da palavra.
Córrego é palavra que beira margem
e segue acariciando seixos e folhas,
levantando a areia do fundo.
Neste país de língua estranha,
palavra é tempestade
que arranca a árvore da sua altura e
punho é coisa que escreve.

Sou punho, sou coisa que escreve.

Diante do bloco de mármore,
o professor flerta
com os olhos vazados da luxúria
e se entrega ao inexorável.

Noite.

O sofá da sala
guarda a sombra
ainda quente
do seu corpo.

Me desperta a luz da rua,
voz que vem de fora.

Caio, rastejo,
apoio as mãos na estante.

Sonho o remédio amargo dos suicidas

Levanto
e começo a andar.

Pauta iluminada pela insônia.
Componho uma canção
para o poeta morto
e lavo a garganta na enxurrada.

Ao líquido ácido do estômago
se amalgamam os versos
que derramo
na calçada.

O olhar masculino do professor
me arranca com violência
para fora da cama.

Sofro a beleza paradoxal da partida.

Nos olhos vidrados do amante,
qual lado de mim?

O professor concebe o plano
e o olhar masculino
que me arranca com violência para fora da cama

não me permite chorar.

Três de maio e da janela vejo
a pedra que guiou os exploradores
até o leito do rio.

Fumaça,

Sempre contida
sorvo o vapor que se perde
no imenso jardim de alvéolos.

Inspiro,

Prendo o vapor que
se perde no imenso jardim de alvéolos,
movo o remo.

Contida,

montanha agasalhada pela névoa,
me afogo em margem,
cascalho, pedra e rio.

Pau Santo
odor breve
sobre as coisas
vaga.

Alma penada
carma em brasa
chama que insiste.

Bossa sincopada
prende... espera.

"Saudade,
palavra triste."

Livre,

circunscrita no desenho deste corpo
sou alfa e ômega,
lágrima sobre o abismo,
vertigem do Nada.

Uma brisa qualquer
me agita as asas.

De certa altura me observa o professor enquanto atravesso a rua para ir ao mercado.
Mais cedo, desta mesma altura, me explicou minha mãe o movimento dos ventos
e das folhas quando rondam abismos.
Penso que me observa o professor da altura onde ele está,
pois sinto na nuca um arrepio. Sinto um arrepio onde ele costuma me beijar.
Sei que sou eu quem estabelece a ação.
Sou eu quem define o verbo.
Não há desejo na altura onde está o professor,
nem mãe, nem vento rondando abismos.
Sou estranha a ele e quando penso que me observa
atravessando a rua para ir ao mercado,
estou certa que não é a mim que ele observa.
Encontro-me no campo de visão do professor que não enxerga.
Um arrepio na nuca me eleva a certa altura.
Movo o corpo para a direita,
atravesso a rua
e entro no mercado.

Chove:

Parada no ponto do ônibus,
estátua de sal que se desmancha,
escorro para dentro do bueiro
e me misturo a água,
folha, pau, lixo,
excremento.

Uma luz incide sobre a tampa metálica fincada no asfalto.

Para além do instante,
me adivinho outro elemento.

Junto cacos
tiro roupas do varal
mudo móveis de lugar
planto ervas na floreira
jogo água no quintal

Em desespero
um vulto assombra
minha pena:

Meu amor,
escrita fóssil
de um poema.

Com sua forma peculiar de fotografar plantas e observar pássaros, o professor se desvencilha das raízes e galhos que insistem em puxá-lo para o fundo.
No outro lado, à margem, cata conchas e alguns materiais trazidos pelas águas para sua estranha construção.
Com traço fino e pena leve desliza pelas asas das predadoras libélulas e elabora uma cosmogonia muito pessoal.
Na sua peregrinação pelo novo mundo,
seu companheiro o acaso absoluto
com ele é o mesmo e um só.
A ciência, a magia das coisas, a transmutação dos metais o trespassam como névoa úmida numa manhã de outono.
Em algum momento tem dúvida se o mínimo do mínimo que compõe as cinzas tem alma.
Se não há retina, não há cor.
O professor acometido pela ressaca do futuro filosofa,
enquanto é devorado pelos olhos famintos
de pequenos animais.

Uma longa manhã se aproxima

Eu,
um quarto esvaziado,
olho em volta.

Os objetos não me dizem mais respeito.

Tarde de eclipse:
a sombra da lua
estampa no sol
a
silhueta
de
um
homem
triste.

Guardião das chaves
O professor soletra as sílabas da palavra
H E M O L Í T I C A.

Que gás compõe a atmosfera?
No paraíso
N A D A,
nenhuma brisa.

O professor,
diante da lousa,
respira o pó
etéreo
do giz

Ossos ancestrais
Pólen explode no céu da boca
Sangue derramado
De milhares de animais

Um transe me toca

Nosso Bosque
Terra perdida

Choque:
Olhos de vidro
Pulso fraco

Corte:
Plano fechado
Câmera lenta

Memória é Lâmina.

Morte:

Pela manhã, quando o vento ilumina a cortina de voal,
me desperta o hálito carregado do professor.
Sobre o criado mudo, a obra incompleta e o jornal do dia.
No prato, ele cospe a comida que esfria.
Seu pulmão carrega o sabor do jazz e do tabaco.
O professor abandona o corpo sem deixar rastro.

Na trilha da memória
a alma arqueada carrega
seu nome:

soco
tiro
espada atravessada.

Nenhuma trajetória
é mais urgente
que esta dor.

Rua:
Luz incandescente,
cheiro de eucalipto,
noite em si:
Ouço seu som.

Dentro,
depois da chuva,
a máquina de escrever
guarda a história
do último verso.

Silêncio:
O professor abre a porta da cozinha e liberta o cachorro branco para me fazer companhia.
Do quarto para a cozinha, da cozinha para a sala, da sala para a varanda lá fora choro copiosamente enquanto o cachorro branco me segue.
O cachorro branco não pertence mais a este mundo.
São raros os insetos nesta época do ano e, distante do lago, é impossível escutar o coaxar dos sapos.
O sereno, aos poucos, apaga a última brasa da fogueira.
Beijo a boca gelada do professor e uma imensa madrugada me desperta.
Abro a janela do quarto:
Silêncio.

Querida,
hoje não quero mais dançar.

O dia que era azul
ficou cinza.

Vou dormir
(como é bom)

até o desejo
(como é bom),

mais uma vez,
me despertar.

jasmim e laranjeiras cobrem
de olor e sumo
o jardim do filho
morto.

Minha mãe,
uma montanha
 adormecida
 na neve,
estende
alvo lençol
sobre o que jaz
no corpo.

Sábado:
aninho-me na lembrança do professor.
Da sua caixa torácica sai mínimo som que perfuma a sala de visitas.
Ainda não sequei os cabelos e a máquina de lavar trepida e se move,
como possuída de vontade, na área de serviço.
Eu pergunto ao professor o que pode a arte contra o gás sarin.
Ele não responde nada, mas agora o perfume se transmuta em amarelo cítrico e
enche de ouro e fúria o espaço entre os tacos e o rodapé.
Eu ouço a sua cor: amarelo cítrico, o segredo áureo, lance de luz.
O professor, ser que brota da mente de uma pessoa que sonha.
O universo está grávido de formas:
ser artista é uma condição de liberdade.
A vida é uma linguagem que acontece no tempo.
O que pode a arte contra o gás sarin? – pergunto.
O professor engole a saliva e responde: – talvez soprar um pouco de água na pele
das crianças.
Meus pés estão plantados na terra.
Terra que guarda nas cinzas
a palavra,
que nesta manhã de sábado
me aninha.

tenho maços de cigarro.
me sobra o sentido aterrador
dos Santos esculpidos

o que me falha é você,
Estante Repleta de Discos.

tenho muitos livros,

Na superfície espelhada
a delicadeza de um reflexo.
A água que lava esse corpo
não apaga a letra
que a língua inscreveu.

Mínimo gesto:
Último Ato.

O professor abre os olhos e me explica que para arder é preciso atravessar a fumaça.
Escrever é uma experiência física que tange o sagrado:
penso os deuses e eles existem.
O PROFESSOR ABRE OS OLHOS E ESCREVE NA LOUSA COM LETRA DE FORMA:
"a percepção é a intuição do real"
Seguro a página em branco como se fosse a minha própria vida.
Agora é olhar através e decifrar o segredo guardado na vidraça.
Três pássaros pousam no fio: desta janela vejo coisas que não param de cair.
O professor abre os olhos e pergunta:
"quem decide quando a obra está acabada?"
Tudo é experiência.
Sempre haverá algo que virá nos visitar.

Nossos mortos:

Suas sombras:

Amor,
Luz interdita,
Número quântico
De estranha medida.

O HÓSPEDE

Um sol forte desperta o cheiro de urina na calçada da cidade.
Com o coração encarnado, ouço o hóspede que ressona no quarto ao lado.
Hoje visitaremos dois museus e uma praça.
Enfio seus olhos azuis na minha boca.
Trôpego, o hóspede se lança sobre os despojos.

Exalo charco e intensidade.
Tranco a porta do quarto.
Todas as janelas foram abertas.
O vento da casa sopra vigor nas plantas
até mesmo nos recônditos onde falta luz.

Dedo do sonho toca meu mamilo.
Amendoeira,
a sombra das folhas
alcança o chão da sala.
Vivo como se ele não respirasse nos livros da estante.
Aproximo-me da sua pele:
seus ossos cantam nas cinzas misturadas à terra
do canteiro de gardênias.

Conto sempre a mesma história:
Cinza cigarra
Cinza asfalto
Cinza cor do céu numa manhã de agosto.
Âncora da realidade
que largou meus pés na tempestade,
e que me alça a certa altura.

Um sol intenso incide na calçada que exala
o cheiro forte da urina.
O hóspede percorre os despojos
e descansa ao pé da amendoeira.
Sua sombra toca meu mamilo.
Estendo o cálice e a água-ardente
queima seu esôfago.

Arrepio de morte.
Ele suspenso a certa altura.
Verto saliva no membro que flutua
entre duas coxas amargas.
O som das cigarras lá fora:
parece que vai chover.

Na praça,
procuro o que encha meu coração de música.
É dia, há centenas de cães.
Alguém chama por um nome:
– Valentina!
Com os joelhos ralados, ela
retoma a vertigem dos pedais.
Meu coração se enche de música.

O Hóspede, a delicadeza da língua
e o membro violento
que doma meu corpo convulso.
Ele é quem adivinha a pulsão de vida
nos vasos de ervas meticulosamente dispostos
no parapeito da janela.

Movimento involuntário dos quadris:
guardo uma lágrima a cada nova investida.
Às vezes sonho o sol insone da Islândia,
naqueles dias insones da Islândia.
Morno o leite e sirvo.
O Hóspede lambe o pires
d e v a g a r.

Abro a boca e deixo entrar o ar.
Lua fria, caldo quente.
Na madrugada, Ele me desperta.
Sonho veloz,
sussurro o indizível.
Percorro os dedos dos seus pés,
beijo as unhas, mordo falanges,
Falo.
Exalo o indizível:
o sabor do Hóspede acende o céu da minha boca.

Visitamos dois museus e uma praça.
Vocifero, tranco a porta do quarto que respira,
não alcanço o seu desejo.
Recuso o beijo incendiado de saliva.
Infeliz,
Ele cataloga insetos
e escreve umas palavras na água.

Dois dentes de alho espremidos na tábua de madeira:
a noite desperta a sombra com seus espantos e criaturas.
Envolta na penumbra,
como uma flor que nasce e é prematuramente arrancada
não me movo,
não sofro, não resisto, não luto.
O Hóspede sopra a palavra úmida
que mancha o linho do lençol.

Cigana, conto moedas com os pés.
Busco fogo:
Hóspede de mim, terra de minério,
abro estrada na rocha,
concreto do profundo de Minas.
Perscruto o interior, ouço o seu som.
Quero, espero, não sei...
Leio o que o barro nas folhas
me disse de você:
– Ele não te fará sofrer.

Adriana Versiani dos Anjos
(Ouro Preto/MG,1963)
É poeta e tem diversos livros publicados, dentre eles: *A física dos Beatles* (2005), *Conto dos dias* (2007), *Livro de papel* (2009), *A lâmina que matou meu pai* (2012), *Diário de A* (2013) e *Três pedras* (2014). Integrou o Grupo Dazibao de Divinópolis/Belo Horizonte.
Foi co-organizadora da Coleção Poesia Orbital e do jornal *Inferno*. Fez parte do conselho editorial da *Revista de Literatura Ato*.
Foi editora do jornal *DEZFACES*.